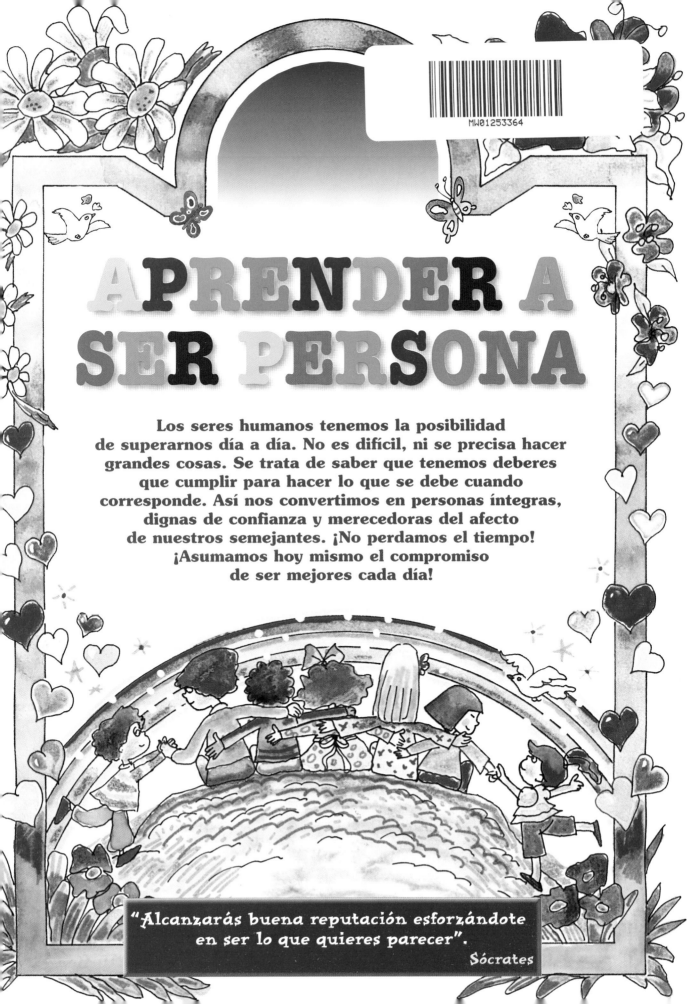

APRENDER A SER PERSONA

Los seres humanos tenemos la posibilidad
de superarnos día a día. No es difícil, ni se precisa hacer
grandes cosas. Se trata de saber que tenemos deberes
que cumplir para hacer lo que se debe cuando
corresponde. Así nos convertimos en personas íntegras,
dignas de confianza y merecedoras del afecto
de nuestros semejantes. ¡No perdamos el tiempo!
¡Asumamos hoy mismo el compromiso
de ser mejores cada día!

"Alcanzarás buena reputación esforzándote
en ser lo que quieres parecer".

Sócrates

¡Hoy es el día!

Todos tenemos diversos deberes que cumplir día a día: deberes para con uno mismo, para con los demás y para con el medio que nos rodea. Es probable que algunos ya los tengas incorporados y los desarrolles de manera natural… ¡Casi sin darte cuenta! Pero, seguramente, hay otras actitudes que puedes modificar para convertirte en una **mejor persona** y en un **ciudadano más responsable**.

Tal vez no tomes baños de inmersión porque sabes el derroche de agua que eso significa, pero dejes abierta la llave mientras te lavas los dientes. ¡Ésa es una conducta que puedes y debes cambiar!

Tal vez ya estén establecidas las tareas domésticas en tu hogar… Pero nunca está de más preguntar si puedes colaborar en algún quehacer.

Tal vez tienes útiles escolares que ya no usas, y ropa o juguetes, y algún otro niño o niña puede necesitarlos. No desaproveches la ocasión, ¡demuestra tu solidaridad! Tal vez, mientras tú juegas en grupo, haya un compañero que se queda aislado y solo en el patio… ¡Hoy es el día para acercarte a él!

¿Por qué hoy? Pues, porque de esa manera, contribuirás a tu felicidad y a la de los demás. Mira a tu alrededor, reflexiona sobre todas las cosas que puedes hacer para mejorar, y asume el compromiso de adoptar actitudes responsables y solidarias.

¡Comprobarás así de cuánto eres capaz!

Hoy puedes cambiar las actitudes negativas de las cuales has tomado conciencia. Actuar con responsabilidad te llevará a darte cuenta de que puedes asumir nuevos compromisos día a día.

Crear lazos

U na de las preocupaciones más nobles que tenemos los seres humanos es la de crear **lazos afectivos profundos y duraderos, lazos de amistad y respeto** hacia nuestros semejantes.

El afán por conseguir amigos, mantenerlos y fortalecer la relación nos exige, a menudo, el deber de revisar las normas éticas e ir construyendo nuestra moral individual positivamente. Ésta será la forma en la que decidimos relacionarnos con los otros, cómo vamos a actuar, a qué cosas le daremos prioridad, qué estamos dispuestos a hacer...

Si bien el primer contacto con las normas se da en el ámbito familiar, es fuera de él donde suelen comenzar a aparecer los conflictos, ya que no todos adoptamos las mismas pautas de comportamiento. Sin embargo, es importante tener en cuenta que, entre amigos, todos tenemos la misma jerarquía; ninguno le debe obediencia a otro. Se suele decir que la verdadera amistad es incondicional, pero... ¿qué quiere decir esto? Un buen amigo será aquel capaz de acompañarnos siempre, en los buenos y en los malos momentos; pero para sostener una amistad se requieren algunas condiciones básicas, como el **respeto mutuo** y la **lealtad**.

E l respeto y la lealtad son condiciones inquebrantables de una verdadera amistad. Si se rompen, la relación podría correr la misma suerte.

Respeto y lealtad

Mientras que el respeto es una actitud necesaria para la buena convivencia, la lealtad es testimonio de confianza y amor. El respeto entre personas que comparten un mismo ámbito de actividad (como el juego, el estudio o el trabajo en equipo) exige tenerse en cuenta, es decir, **la necesidad de asumir una actitud responsable hacia los otros y hacia el grupo en su conjunto**. Por otra parte, también es imprescindible la **aceptación de las diferencias**; darse cuenta de que el otro es un ser libre, que piensa y actúa por sí mismo independientemente de nuestros deseos o de lo que nosotros haríamos en su lugar. Es decir, que el respeto es también tolerancia, comprensión y aceptación.

Aceptar que los otros tienen sus propios principios, y éstos pueden o no coincidir con los nuestros, es fundamental para construir relaciones sociales sanas, basadas en el respeto mutuo y la recíproca cooperación.

¿QUIÉN QUIERE COMPETIR EN ATLETISMO?

¡YO! CREO ESTAR BIEN PREPARADA.

Se entiende por lealtad el **compromiso de fidelidad** que se ejerce libremente, por convicción y no por obediencia o sumisión. Es un compromiso racional, basado en la **sinceridad** y la **honestidad**, que resulta fundamental para el logro de todo proyecto individual, y más aún si se trata de un emprendimiento colectivo.

La lealtad es la base de relaciones como la amistad, el noviazgo, el matrimonio y la familia. Pero también se puede y se debe ser fiel y leal con uno mismo, es decir, no traicionar las propias convicciones, valores y principios.

A veces, mantener una relación leal no requiere de ningún esfuerzo ni sacrificio, pero en situaciones de conflicto podemos apreciar y valorar a quienes se sienten verdaderamente comprometidos con sus semejantes. Se trata, pues, de compartir los malos momentos y las adversidades con fortaleza e integridad, y con la misma intensidad con que disfrutamos del éxito, el bienestar y la alegría.

A l adherir con lealtad a un grupo, una causa, un proyecto..., debemos hacerlo sin fanatismos y ejerciendo una libertad responsable, que refleje nobleza, transparencia y honradez.

Sinceridad y honestidad

La sinceridad y la honestidad están íntimamente vinculadas con la lealtad. Cuando estamos comprometidos con lazos de afecto no podemos ser deshonestos, ni tener ocultamientos, falsedades o engaños. Esto sería actuar deslealmente.

Cuando sientes simpatía por alguien y deseas que ese vínculo se profundice, lo primero que debes hacer es merecer su confianza y, para ello, el único camino es obrar con sinceridad, y ser íntegro y auténtico.

Solamente con quien tienes plena confianza puedes compartir un secreto, una preocupación, un dolor, una ilusión, un sueño, un amor..., y esperar su complicidad y su consejo de amigo. Sabes que será sincero y honesto, que te dirá con franqueza lo que piensa para ayudarte a ser feliz, aun cuando lo que tenga que decirte no sea lo que esperabas, ni sea agradable. Un amigo verdadero se muestra tal cual es, expresa sus sentimientos y pensamientos con autenticidad, y es incapaz del engaño.

Ser dignos de la confianza de otras personas es un gran compromiso que nos impone el deber de no defraudarlas.

Amigos de verdad

Tobías y Ernesto se conocieron en los primeros años del colegio. A pesar de que estaban en cursos distintos y jugaban muchas veces en equipos rivales, nunca discutieron ni dejaron de hablarse. Sus gustos en cuestiones de cine, libros e historietas tampoco eran los mismos, pero esto, en lugar de enfadarlos, era motivo de diversión y bromas cordiales. Al llegar al bachillerato, se cambiaron de colegio, pero esto no dañó el afecto que se tenían, ni hizo que se distanciaran. Al contrario, siguieron jugando juntos al fútbol y se reunían a estudiar cada vez que podían.

Una noche, Ernesto se despertó sobresaltado, salió de la cama, se vistió a los apurones y corrió hasta la casa de Tobías.

Al llegar hizo mucho ruido y despertó a todos. Casi al instante bajó su amigo, en pijama y con su billetera en la mano.

—¿Qué pasa? ¿Estás en problemas? ¿Necesitas dinero? ¡Estoy preparado para lo que sea! —le dijo.

—No, nada de eso —contestó Ernesto—. Lo que sucede es que soñé que estabas en dificultades, que algo malo te había pasado, y eso me preocupó muchísimo. Así que vine a ver si me necesitabas.

En cuanto se repuso de la sorpresa, Tobías se echó a reír, conmovido por la preocupación de su amigo y feliz por saber que podía contar con él.

Poder contar con alguien es un tesoro de incalculable valor. Un buen amigo sabrá acompañarnos en todas las circunstancias de la vida. ¡Cultivemos, pues, la amistad con alma y vida!

Justicia y equidad

La justicia es un estado ideal de igualdad, un horizonte para perseguir, que nos guía y nos marca el rumbo. Transitar por ese camino nos da la satisfacción de avanzar paso a paso en la construcción de un mundo mejor, aun cuando sabemos que para llegar a una justicia plena tenemos muchísimo por andar.

Actuar con equidad significa evitar el prejuicio, la arbitrariedad, el fanatismo y la soberbia, entendiendo que todos los seres humanos tenemos derecho a ser respetados como iguales y a tener cubiertas nuestras necesidades.

Por otra parte, resignar lo que uno merece o le corresponde tampoco es una actitud positiva, pues atenta contra el respeto hacia nosotros mismos.

Saber ser implica ejercer juicios justos y equitativos que no perjudiquen nuestros intereses ni los de los demás.

Los seres justos aspiran a la igualdad y rechazan los privilegios, aun para ellos mismos.

La conciencia, nuestra hada madrina

Cada persona tiene en su interior un hada madrina que le aconseja cómo disponer responsablemente de su libertad. Esa voz interior es **la conciencia**. A través de los valores que adquirimos a lo largo de nuestra vida, la conciencia **toma una identidad propia y guía nuestros actos**.

Puede suceder, por ejemplo, que no siempre estemos de acuerdo con algunas pautas de conducta o de trabajo; pero si reflexionamos concientemente sobre ellas, asumiremos el compromiso de **hacer lo que debemos** aunque la tarea demande esfuerzo. Aprendamos a escuchar la voz interior que nos indica el camino del bien y obremos responsablemente.

Cada persona tiene derecho a tener una escala de valores propia y a establecer prioridades de acuerdo con ella, pero siempre dentro de los límites de la moral y la ética.

El desafío de la conciencia es, precisamente, poner en la balanza aquello en lo que creemos y consideramos importante realizar, para ver si no nos perjudica ni atenta contra la libertad y los derechos de otras personas.

Se trata, pues, de medir las consecuencias de nuestras decisiones para ejercer una **libertad responsable** y digna de un ser humano.

La conciencia nos impone el deber de aprovechar el tiempo al máximo y cumplir con nuestras obligaciones de manera responsable.

Mañana lo haré

(CUENTO)

La actitud facilista de dejar para mañana lo que deberíamos hacer hoy suele transformarse en costumbre. Una mala costumbre que manifiesta falta de responsabilidad y puede hacer que ese famoso "mañana" no llegue NUNCA.

l zorro Juan, que como de costumbre había andado todo el día haciendo travesuras y desmanes en nidos y gallineros, sintió repentinamente el frío de la caída de la tarde:

—¡Caramba, caramba! ¡Qué frescolina! Llegó la hora de dormir —dijo para sí, castañeteando los dientes, al tiempo que pensaba a quién pediría refugio, puesto que él no tenía casa propia—. Iré a casa de mi compadre el peludo.

Y allá se encaminó, silbando bajito y temblando de frío, mientras los demás animales, acurrucaditos en sus cuevas o en sus nidos, lo veían pasar con deconfianza.

Cuando llegó, golpeó fuertemente a la puerta.

—¿Quién anda? —preguntó el peludo.

—Disculpe, estimado compadre, pero me agarró el frío y no tengo dónde "hacer" la noche —dijo Juan el zorro, haciéndose el amable y el humilde—. ¿Podría "usté" darme cobijo esta noche?

—Mmm... Bueh... Pero que sea la última vez, porque esto ya se le ha hecho costumbre, ami-

go. Le convendría ir pensando en hacer su propia casa. Digo, ¿no?

—Sí, sí, mañana lo haré. Será sólo por hoy...

Y así, un día tras otro, en vez de ponerse a trabajar para tener su propia casa, todas las noches de su vida, Juan va en busca de alguien que le brinde techo y abrigo, diciendo siempre lo mismo:

—Es sólo por hoy... Mañana lo haré... Mañana lo haré...

Parece que Juan el zorro no quiere aprender que ese mañana suele ser NUNCA. No por nada existe el dicho: **"No dejes para mañana lo que puedes hacer hoy"**.

Cuento popular rioplatense
adaptado por Polo Godoy Rojo.

No es justo aprovecharnos de la amabilidad de los demás ni ampararnos en ellos para no cumplir con nuestros deberes.

El canto de las sirenas

En la vida cotidiana, así como en esta legendaria historia de la mitología griega, podemos encontrar personajes embaucadores que —con "canto de sirenas"— buscan seducirnos. Para no caer en la trampa del engaño, es preciso ser precavidos...

El canto de las sirenas tenía una fama terrible entre los antiguos marinos griegos. Se decía que era peligrosamente irresistible y que, cuando algún marino lo escuchaba, irremediablemente cambiaba el rumbo de su nave en dirección hacia donde provenían esas voces.

Una sabia hechicera, llamada Circe, le advirtió al valiente guerrero Odiseo sobre los peligros de dejarse cautivar por esas engañosas melodías y le aconsejó taparse los oídos.

El curioso Odiseo siguió las indicaciones de Circe, pero con una ligera modificación: tapó solamente los oídos a sus marinos, se hizo encadenar al mástil mayor de la nave y dio órdenes a sus subalternos de que no lo desencadenaran por nada del mundo, ni aunque él mismo lo pidiera.

La nave de Odiseo pasó cerca de la isla de las sirenas y comenzaron a escucharse los cánticos. Odiseo se sintió atraído y con fuertes deseos de acercarse.

Pero los marinos, impasibles, continuaron remando sin desviar el rumbo. Odiseo pasó del encanto al éxtasis y del éxtasis a la desesperación, pues quería que lo soltaran para entregarse a los seres que entonaban tan precioso canto. Como los marineros no podían oírlo, fueron indiferentes a las súplicas de Odiseo, y no cedieron. La nave pasó a un lado de la isla de las sirenas sin detenerse ni un momento.

Odiseo fue el único ser humano que oyó el canto de las sirenas, llegó a buen puerto y pudo contar la historia.

No dejemos que "EL CANTO DE LAS SIRENAS" —que se nos puede presentar disfrazado de chismes, calumnias, murmuraciones, fanatismos, intrigas...— nos lleve por el camino equivocado. Si nos guiamos por los VALORES ÉTICOS Y MORALES, y usamos el JUICIO CRÍTICO, la INTELIGENCIA, la FUERZA INTERIOR POSITIVA y la RAZÓN, transitaremos el camino del SABER SER y llegaremos a buen puerto. ¡SE PUEDE Y SE DEBE HACERLO!

ACTIVIDADES

Para reflexionar, debatir, expresarse, crear... y construir un mundo mejor entre todos.

AMIGOS SON LOS AMIGOS

Imagina que te cambias de colegio y entras en un curso en donde no conoces a nadie. A lo largo del primer día de clase escucharás distintos comentarios de tus nuevos compañeros. Teniendo en cuenta el siguiente texto..., ¿de quiénes te gustaría hacerte amigo? Elige a tres de ellos y justifica tu respuesta.

María: —¡Qué buenas zapatillas tiene "el nuevo"! Seguro que sus padres tienen dinero...

Pablo: —Voy a acercarme a él... Debe ser muy duro cambiarse de colegio...

Martín: —Seguramente no conoce este juego... Pero, el recreo es tan corto que no podemos perder tiempo en explicarle...

Andrea: —Parece buen alumno. Me voy a sentar a su lado así me copio en los exámenes.

Julián: —Voy a mostrarle las instalaciones del colegio. Debe sentirse perdido...

Mariana: —Yo entré a este colegio el año pasado y sé lo difícil que es integrarse. Voy a darle una mano, como hicieron conmigo...

Pedro: —No me gustan los extranjeros. ¿Quién sabe qué costumbres tienen en su país?

Carla: —Un compañero nuevo... ¡Un amigo más!

Patricio: —Aquí mando yo: si quiere ser mi amigo tendrá que obedecerme...

Natalia: —Bueno, ya se integrará. No es necesario que hagamos nada.

Me gustaría hacerme amigo de .... porque ....

....

....

....

QUERIDO AMIGO

Seguramente, tienes un amigo con el que puedes contar, como Tobías con Ernesto y Ernesto con Tobías. Sería bueno que, si has tomado conciencia (¡y estamos seguros de que lo has hecho!) de la importancia y el valor que tiene esta relación, le escribieras una carta. En ella podrás agradecerle todo lo que hace por ti y las virtudes que tiene para merecer todo tu afecto y tu lealtad.

LAZOS DE SANGRE

Con los miembros de tu familia, tienes un lazo de sangre imposible de romper, pero la unión afectiva, si bien tampoco puede romperse, puede fortalecerse a través de las acciones cotidianas. ¿Qué cosas puedes hacer para mejorar la relación con tus hermanos y hermanas? ¿Y con tus padres? ¿Tienes realmente en cuenta a los adultos mayores de la familia?

HOMENAJE A LOS ABUELOS

Te proponemos hacer un álbum para homenajear a tus abuelos. Puedes hacerlo, también, para alguna otra persona mayor de la familia. Para ello, dibuja en trozos de papel del tamaño de una fotografía aquello que recuerdes de los momentos compartidos. Puedes preguntarle a tus padres si te daban de comer cuando eras pequeño, si te llevaban a la plaza, qué juegos compartían...

Luego, dibuja los momentos que imaginas que compartirás con ellos en el futuro. Ten en cuenta que, a medida que se hagan "viejitos", necesitarán más de ti. ¡Este álbum será un testimonio de tu compromiso solidario y responsable con quienes tanto amor te brindan!

Cuando hayas realizado todos los dibujitos, perfóralos en un lado y únelos con una cinta de color. ¡Seguro que les encantará tu gesto!

RESPETO Y LEALTAD

Une con flechas en qué casos debe existir una relación de **respeto**, y en qué casos es necesaria la **lealtad**. Pueden ser ambas cosas.

- A mi país y a los símbolos patrios.
- A mi familia.
- A mis amigos.
- En el matrimonio o en el noviazgo.
- A todos los seres humanos.
- A mis convicciones, valores y principios.
- A las decisiones de los demás.
- A mis maestros.
- A las autoridades que gobiernan mi país.
- A los que tienen más experiencia que yo.
- A los grupos de los cuales formo parte.

RESPETO •

LEALTAD •

¿QUÉ HARÍAS...?

... Si sabes que tu amigo o amiga simpatiza con alguien que no siente lo mismo por él o por ella.

....

... Si te enteras de que alguien ha hablado mal de tu amigo o amiga a sus espaldas.

....

... Si sabes que tu amigo o amiga no puede comprar los útiles escolares que necesita.

....

... Si crees que tu amigo o amiga está cometiendo un error.

....

... Si un amigo no está de acuerdo con alguna de tus actitudes.

....

... Si un compañero/a no está bien de ánimo y no quiere contarte por qué.

....

... Si un compañero/a no puede asistir por algunos días al colegio.

....

NUESTRA VOZ INTERIOR

- Pinta las voces que corresponden a una conciencia responsable, y deja en blanco aquellas que nunca diría una *"buena hada madrina"*.

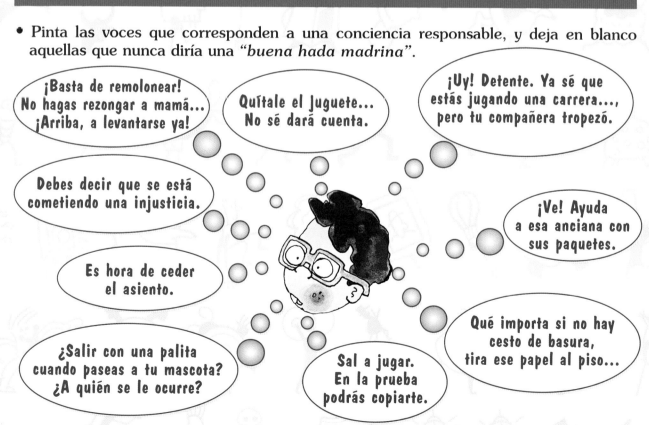

- ¿Cómo te imaginas a tu *"hada madrina"*? ¿Te animas a dibujarla?

REFLEXIONAMOS CON EL CUENTO "MAÑANA LO HARÉ"

¿Qué opinión te merece la actitud del zorro?

¿Crees que hizo bien el peludo en darle refugio "sólo por hoy"? ¿Por qué?

¿Qué hubieras hecho tú en su lugar?

LISTA DE COSAS PENDIENTES

Al igual que Juan el zorro, muchas veces dejamos para mañana cosas que podemos hacer hoy. Haz una lista de cosas pendientes, pero... ¡Atención! Ya sabes que con anotarlo no alcanza... Comienza tu tarea hoy mismo o ponte un plazo razonable para hacerla. Pueden ser actividades puntuales, como ordenar tu habitación o tu armario, o actitudes positivas que puedes ¡y debes! incorporar a tu vida. Algunas de ellas pueden ser:

- No decir "malas palabras" ni dar "malas contestaciones".
- Ser más solidario con quienes lo necesitan.
- Ser más responsable con las tareas escolares y las del hogar.
- Aprender a reconocer los propios errores.
- Pedir las cosas "por favor".
- Responder al primer llamado.
- Respetar las indicaciones de mis padres y maestros.

> Pídele ayuda a tu *"hada madrina"* para hacer un examen de conciencia a fondo y comenzar hoy mismo a asumir responsablemente el deber de ser mejor cada día.

EL CANTO DE LAS SIRENAS

El mito de Odiseo y las sirenas puede tener otras interpretaciones. ¿Se te ocurre alguna?

¿Qué hubieras hecho tú en el lugar de Odiseo?

¿Qué puedes hacer, en la vida real, para no escuchar el *canto de las sirenas*?

¿Qué le dirías a las personas a las que les gusta "tentar" a los demás con comentarios mal intencionados?

> Antes de reflexionar sobre esta historia, es importante tener en cuenta que (a diferencia de lo que habitualmente se expresa en los cuentos infantiles), en la antigua mitología griega, las sirenas aparecen como perversos seres alados, con cuerpo de ave pero sin plumas y rostro humano. Simbolizaban el engaño, la tentación, la dualidad... (es decir, la concurrencia de dos caracteres opuestos —como el bien y el mal— en un mismo ser).

"SI QUIERES HALLAR EN CUALQUIER PARTE AMISTAD, DULZURA Y POESÍA, LLÉVALAS CONTIGO."

G. Duhamel